親の虐待が大脳辺縁系の発達に及ぼす影響

前帝塚山学院大学人間科学部心理学科教授　平塚儒子
宝塚医療大学和歌山保健医療学部看護学科准教授　宇城靖子
ひらつか整形外科医院　院長　平塚雅之

時潮社

要 旨

　厚生労働省による虐待の発生調査および乳幼児時代に受けた被虐待児の年齢構成は、0歳児38％、次いで1歳児16％であった。
渋谷昌三によれば人生のスタートで生じる虐待は悲劇である「幼児期に虐待を受けて育った子供は、感情のコントロールができないと指摘されている。外からの刺激に対して行動が両極端になるとされ、ひとつは暴力的になり、もう一つは怒りを心のうちに抑え込むと示唆している[1]。
　調査においは、「両親のもとで愛情を受けて育てられた」者と、「今、何をしたらよいか決めることができる」の間で有意の差が認められた。なお親からの信頼関係のもとに、社会的ルールを正しく躾けられた者は感情のコントロールができて、極端な行動に走ることがない。しかし、厚生労働省の報告でおいて、就学前の6歳未満児で約9割を占める発生期は、親子の信頼関係を保つ大脳辺縁系に問題が生じると推測される。しかしながら、その後のデータはないので、日本597名を質問紙形式で行い、ポジテイブな関連性、すなわち、感情を不安定にしている、モラトリアム状態からなる感情のコントロールが不得手のまま大人へと成長し、青年層でのモラトリアム化が肥大化し重症化した結果である。その根源は虐待を乳幼児期に受けたことにより引き起こされた「モラトリアム者」であり、早急な対策が必要である。

はじめに

　躾の過程は、乳幼児期の子供は、泣いて食べ物を要求して親からそれをもらう。この繰り返しのなかで、子は親を信頼できる対象として自分のなかに刷り込んでいく。そしてそのうち摂食に関する規則的なルールができ上がっていく、これが躾である。なお、大便、小便など排泄に関することも同様である。これは0〜5歳頃とされ、子供の躾において基本になるのは愛情であり信頼関係である。躾の過程で感情のコントロールのしかたも自然に覚えていき躾の過程で感情のコントロールのしかたも自然に覚えていくのである。
　しかし、児童虐待の相談対応件数は、毎年増加の傾向にあり、2022年の相談対応件数は21万9,170件で、10年前と比べると約3倍である。この頃の虐待は信頼関係を破壊して子供の感情表現を不安定にして、虐待のトラウマを抱えた子供は、感情のコントロールが不得手のまま大人へと成長して、他者の言動に敏感過剰に反応する。その過剰反応の一つが、殺したい願望の表れとなって攻撃的になるのではないかと、渋谷昌三が示唆している。
　以前に私どもは児童生徒がモラトリアム人間形成素因になることを報告してきた[2]。「モラトリアム人間」は、自己の役割の認識ができず、自立規範も理想もなく、自己愛に満ち勝手気ままに生きる、言い換えれば、いつまでも子供でいたいと思うのである。将来、「何をしてよいかわからない者」が大人になっても、人とのかかわりで重要な、空気が読めない、会話のキャッチができない、孤独があり、配偶者や異性との付き合いに満足できない等、人との関係で引き起こす起こす問題が現れている。
　子供にとって、最初に接触を持つのは母親である。大人になってからの心理にも大きな影響を受けていく。その重要性がわかっているから、子育てに悩む親たちがいる。しかし、子育ての方程式は、はっ

きりしていないのである。

　厚生労働省によれば、被虐待児は0歳児のうち、月齢4ヶ月未満児が5割であった[3]。この頃に発生・発達する脳は、古い皮質（旧皮質）であり、大脳辺縁系と呼ばれ、竹下研三によれば快や不快、怒りや恐怖、記憶や性欲など情動や本能のセンターとなっていると示唆している[4]。

　大脳辺縁系は快不快などの情動や本能行動に加え記憶を司っている場所であり、記憶のなかで印象深い出来事などの情動を伴う記憶は忘れにくい「何をしてよいかわからない者」と「ストレスサイン」を推論し意識調査を行い、本推論の正確性を確認することとする。なお、"今なにをしたらよいか決められない"者のうち64.6%の者がときどき孤独な感じがすると訴えている。河合隼雄は大人であることは孤独に耐えられることで、人とともに連帯してゆけることであると示唆している[5]。なお、孤独には2023年6月7日「孤独・孤立対策推進法」が公布されている、孤立の予防法も検討する。

研究の対象および方法

1. 日本の虐待の現状調査統計値調査は、公開情報としての「厚生労働省雇用均等・児童家庭局総務課虐待防止対策室」を利用した。
2. 1900年代に出生した一般成人男児を対象に、「いのちと心」の調査用紙用いて、大阪3校の大学、専門学校、仙台の男女学生を対象に回収した。
   調査区域：大阪、滋賀県、愛知県、東京、仙台の調査期間は1年であった（n=602）。
3. 統計解析は、それぞれの項目は、1次集計の後、2次集計を実施してX^2の検定を行った。

表

	次のことについて、回答ください	はい	いいえ
①	私は何をしたらよいか決められない	①	②
②	私は同性の同じ年齢の子供とグループを作り遊んだ	①	②
③	私は何かに思いきりうち込んだり、挫折した経験がある	①	②
④	私の両親は、愛情を注いでくれた	①	②
⑤	私の両親は正しく、躾けてくれた	①	②
⑥	私は達成するために、簡単すぎる目標を選ぶ	①	②
⑦	私は達成するために難しすぎる目標を選んでしまう	①	②
⑧	私は最も重要なことで、自分自身で達成したり、成功したりした経験がある	①	②
⑨	私は自分以外の他人が何かをしたり、成功したりしたことを観察できた	①	②
⑩	私は自分に能力があることを言語的に説明されたり、言語的な励ましがあった	①	②
⑪	私は生理的情緒的高揚や、その他で気分が高揚することがあった	①	②
⑫	私は目標に向かって進んである期待がある	①	②

結　果

1．被虐待児の年齢構成

　どんな親が虐待に走るのか、東京都の調査によれば年令のわりに年齢の割に親が成熟していないか、乳児が何かを訴える時には泣き叫ぶ、しかしその意味がわからない親が増加の傾向にあると報告している。

　わが子を虐待する親について、厚生労働省雇用均等・児童家庭局総務課虐待防止対策室によれば、被虐待児の年齢構成は、0歳児38%、次いで1歳児16%であった。就学前の6歳未満児で約9割を占める（表1）。

表1　被虐待児の年齢構成

年齢	0	1	2	3	4	5	6	7	8	9	10	11	12	13	14	15以上	合計
人数	48	20	16	16	7	4	5	3	3	0	3	1	0	0	1	0	127（虐待事例数125件）
割合(%)	37.8	15.7	12.6	12.6	5.5	3.1	3.9	2.4	2.4	0	2.4	0.8	0	0	0.8	0	

※1事例に複数の被虐待児がおり、虐待事例数125件とは一致しない

　被虐待児の割合の1位は0歳37.8%、ついで、1歳15.7%、2歳と3歳は12.6%、4歳は5.5%は、後に述べる大脳辺縁系の本能的な働きが急速に発達する2～3歳頃にあたる。フロイトの発達理論における口唇期、肛門期、男根期にあたる0～5歳とされる。さらに、0歳児のうち、月齢4ヶ月未満児が5割であった（表2）。

2．虐待の続柄と年齢構成、児童虐待相談件数

虐待者の続柄は、実母54%、実父による虐待は18%、内縁関係にある者15%であった。とりわけ実母の愛情は重要で、親子の信頼関係が破壊されて十分に躾けられていない。感情のコントロールが不得手なまま大人に成長する（表2）。どのような大人へと成長するかは、研究のねらいとするところである。

表2　虐待者の続柄

虐待者	実母	実父	養母	養父	内縁関係	その他	合計
人数	77	26	2	7	22	9	143
構成割合(%)	53.8	18.2	1.4	4.9	15.4	6.3	

ついで、虐待者の年齢構成（**表3**）は、20歳代53％、次いで30歳代30％であった。実母が、年齢の割に成熟していないうえに、親が子を守り、愛情をもって躾けなければならない立場にあるが、虐待は子供に恐怖を与える立場にある。

表3　虐待者の年齢構成

	10歳代	20歳代	30歳代	40歳代	50歳代以上
実母	5	39	29	3	1
実父	2	17	4	1	2
養母	0	2	0	0	0
養父	0	5	2	0	0
内縁関係	1	13	6	2	0
その他	0	0	2	2	5
総数	8	76	43	8	8
構成割合（％）	5.6	53.1	30.1	5.6	5.6

さらに、どんな親が虐待に走るのか東京都の調査によれば、実母が6割、年齢の割に親が成熟していないか、親自身がもっと自由に遊びたいと思っているのに結婚して子供ができたためその世話に追われてそうはいかない、一方、乳幼児は本能的に親を頼りにし、何かを訴えるときには泣き叫ぶ、しかしながら親はその意味がわからない。募るイライラが追い詰められて、泣き叫ばれると、うるさくなって手を上げたり、子供を放置したまま外出してしまう。

母親が若い場合、さらに危険は高まる。08年度の虐待による全国の死亡事例（心中を除く）のうち、実母が19歳以下だったのは7.9％、20〜24歳は22.2％であった。日本では19歳以下の母親の割合が1.4％、20〜24歳は11.6％程度なので、子供を死なせてしまうほどの虐待では、若い母親が明らかに高率といえる。

また、子供を虐待死させた母親のうち、妊婦健診を受けていなかったのは31.3％、母子健康手帳の発行を受けていなかったのは29.9％、子供に3〜4カ月児健診を受診させていなかったのは26.9％、1歳6カ月児健診を受診させていなかったのは47.1％であった。このことから、乳幼児の公的サポートを受けていない母親ほど、危険率が高いこともわかっている。

児童虐待相談件数（速報値）、加害の動機

児童虐待相談対応件数（速報値）を公表によれば、こども家庭庁は9月7日、令和4年度の児童相談所による児童虐待相談対応件数（速報値）を公表しました。件数は21万9,170件で、前年度より11,510件（＋5.5％）増え、過去最多を更新しました。

相談の内容別件数は、多い順に、心理的虐待12万9,484件（全体の59.1％）、身体的虐待5万1,679

件（23.6％）、ネグレクト3万5,556件（16.2％）、性的虐待2,451件（1.1％）となっています。前年度比では、増加率順に、ネグレクトが＋13.0％（4,108件の増加）、性的虐待が＋9.0％（204件の増加）、身体的虐待が＋4.9％（2,438件の増加）、心理的虐待が＋3.8％（4,760件の増加）となっている。

・**加害の動機**（複数回答）
　「保護者自身の精神疾患、精神不安」…9人（37.5％）
　「育児不安や育児負担感」…4人（16.7％）
　「夫婦間のトラブルなど家庭に不和」…4人（16.7％）

3．大脳辺縁系からの発達が及ぼす影響

　乳幼児期の子供は、泣いて食べ物を要求して親からそれをもらう。この繰り返しのなかで、子は親を信頼できる対象として自分のなかに刷り込んでいく。そしてそのうち摂食に関する規則的なルールができ上がっていく、これが躾である。なお、大便、小便など排泄に関することも同様である。これは0～5歳頃とされ、子供の躾において最も重要なのは愛情であり信頼関係である。躾の過程で感情のコントロールのしかたも自然に覚えていくとされ、躾の過程で感情のコントロールのしかたも自然に覚えていくのである。

1）日本人の何をしたらよいか決められない 年代出生推移

　何をしたらよいか決められない者と何をしたらよいか決めることができる者において、
　「何をしたらよいか決められない者」は、1919～1949年の出生は9.1％であったが、1970～1980年18.8％と増加の傾向にあり、さらに1990～1993年は34.4％と増加の傾向にあった。一方、「何をしたらよいか決められる者」は、1919～1949年の出生は88.1％％であったが、1970～1980年80.0％と低下の傾向にあり、さらに1990～1993年は66.4％と低下の傾向にある。（**図1**）
　1960年代は70年までの10年間で「国民所得倍増計画」計画実現のために年平均の経済目標7.2％に設定し、人材育成の強化などで、経済成長を後押し、翌68年にはGNP（国民総生産）資本主義陣営でアメリカに次ぐ第2位の経済大国になった[6]。
　日本の第二次世界大戦後の経済、教育、文化的価値観の変化は、著しく、1980年代は経済はバブル期から「バブルの崩壊」、教育の「ゆとり教育」へ変化していった時代であった。
　1971～1974年頃生まれは、【団塊ジュニア世代】「団塊の世代」の子供世代にあたり、第二次ベビーブームである。なお、就職氷河期世代と重なっている。
　1987～2004年生まれは【ゆとり世代】であり、教育では、授業時間数の削減など「詰め込み教育から「ゆとり教育へ」の転換がはかられた時代に学齢期を過ごした。深夜まで働いて残業代を稼ぐよりも、ワークライフバランスを重視し、「飲みに行くぞ」の誘いをきっぱり断り、上司をがっかりさせることもある。「ブランドのバッグがほしい」「カッコイイ車に乗りたい」など、バブル世代が縛られている物欲から解放されている。
　学生時代からスマートフォンを使いこなし、SNSを駆使して横のつながりや「共感」を大切にする。「俺が、俺が！」と自己主張して生き残ってきたバブル世代には物足りなく映る。

1990年～2000年代は、日本中が浮足立ったバブル景気が崩壊し、「バブル崩壊」日本経済を直撃して、その後の長期停滞の出発点となった[7]。政府の政策により株価や地価が下落し、保有資産を売却しても返済ができない債務者が増加するようになり、銀行は貸し付けたお金を回収できず不良債権を抱え、融資を渋るようになった。これにより、企業収益が低下して経営が困難になっても、銀行からの融資が受けられず倒産する企業が増加した。消費も低迷し、さらに企業収益が悪化するという悪循環を引き起こし、「デフレスパイラル」の入り口となった。バブル崩壊後に大きな爪痕を残す結果となったのである。

　しかし、今日の青年は、余暇でさえ大人らしく振る舞うことを求められ、間違うことや未熟であることが認められていない。他方で、大人に従順であることが求められ、保護が必要な場面でも自律の尊重を名目に放置されている。

　一方、今日、少年や青年の闇バイト事件からの強盗事件、暴力や麻薬などに犯される危険性が増大している。急かされて育った青年は、その場その場をやりすごすだけになり、寄せ集め的な自己しかもてないため、ストレスに弱く、傷つきやすくなり、「自己統制の弱さ」で、自分で自分をコントロールできない。

　この出生児の両親や育成に関わる者の問題をどう考えたらいいのか倫理とは何かを推測する。

図1　日本人の「何をしたらよいか決められない」出生年代推移

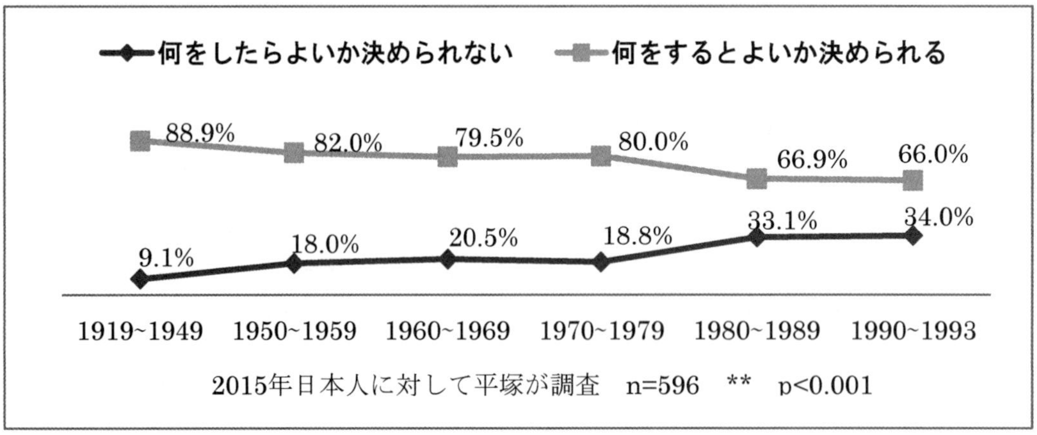

2015年日本人に対して平塚が調査　n=596　**　p<0.001

2）両親の愛情と躾の関係

　両親の「愛情」と「躾」の関係において、図2のごとく、「両親が愛情を注いでくれたと感じる」者で「正しく躾けられたと感じる」者 95.4%は、「正しく躾けられていない」49.3%よりも多く、一方、「両親が愛情を注いでいないと感じる」者は、「両親は正しく躾ていない」49.3%は、「正しく躾てくれた」4.2%よりも多かった。（図2）

　発達の環境条件では温かい家族環境は重要である。親子関係は親が子を守り愛情をもって躾なければならない立場にある。と竹下研三が表している[8]。

図2　両親の愛情と躾との関係

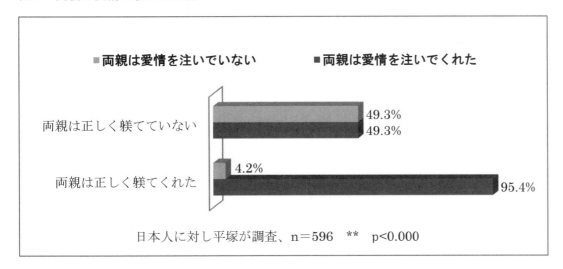

3）"両親から正しく躾けられたと感じている者"は、「何をしたらよいか決められる」

両親から「正しく躾けられたと感じている」者と、「何をしたらよいか決められる」者との関係において、「親から正しく、躾けられたと感じる」者「何をしてよいか決めることができる」者は、76.4%は、「親から正しく、躾けられない」者64.2%よりも多かった。（図3）

躾は2歳ぐらいから始まる。乳幼児期の前半では、基本的な生活習慣の確立とその家庭の内自立の技能を育てる躾である。排尿排便食事のマナーなどから始まる。この初期的な躾は模倣によって発達する。偶然の模倣が周りより習慣化される道へ進む。3歳を過ぎた幼児後半の躾は保育士道ともいえる。家族以外の人間を含めた社会集団のスタートとなる。

図3　「両親から正しく躾を受けたと感じている」者は、「何をしたらよいか決められる」

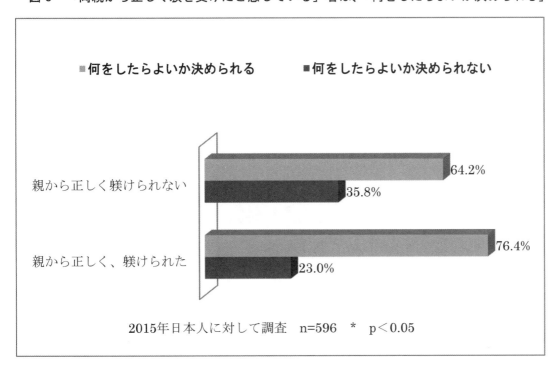

図4 「自分に能力のあることを言語的に説明されたり、励ましがあった」者は、「何をしたらよいか決められる」者との関係

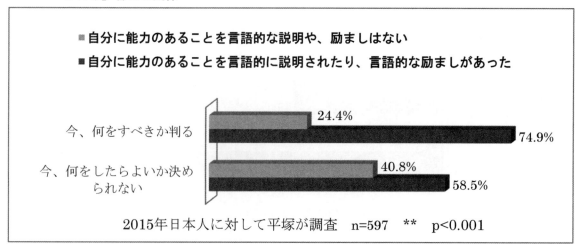

図5 「心配ごとがあって眠れなくなる」者と「今、何をしてよいか決められない」者との関係

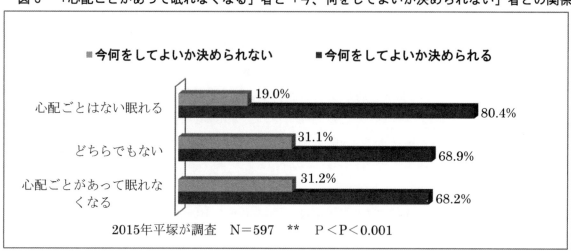

図6 「何をしてよいか決められない」者は、「目標に向かって進めない」

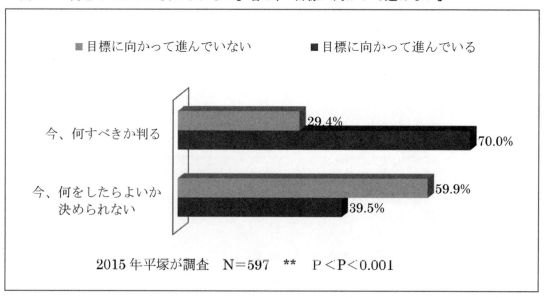

4)「自分に能力のあることを言語的に説明されたり、言語的な励ましあった」者と「何をしたらよいか決められる」関係

　「自分に能力のあることを言語的に説明されたり、言語的な励ましあった」者と、「何をしたらよいか決められる」者との関係において、「自分に能力のあることを言語的に説明されたり、言語的な励ましあった」者のうち、「今、何をすべきかわかる」74.9%は、「今何をしたらよいか決められない」58.5%よりも多かった。時永光彦は、「自分を認めてくれる場所を得る」ことで外に出てゆくきっかけを掴む多いと示唆している[9]。（図4）

5)「心配ごとがあって眠れなくなる」者と「今、何をしてよいか決められない」関係

　図5のごとく、「心配ごとがあって眠れなくなる」者と「今、何をしてよいか決められない」との関係において、「今、何をしてよいか決められない」者の最多は、「心配事があって、眠れなくなる」31.2%、次いで「どちらでもない」31.1%、最少は「心配事はなく眠れる」19.0%であった。

　厚生労働省 生活習慣病予防のための健康情報サイトによれば、不眠の原因はストレス・こころやからだの病気・薬の副作用など様々で、原因に応じた対処が必要です。不眠が続くと不眠恐怖が生じ、緊張や睡眠状態へのこだわりのために、なおさら不眠が悪化するという悪循環に陥る。

6)「何をしてよいか決められない」は、「目標に向かって進めない」

　目標とは、ある期間内に達成したい結果や成果物を指すものである。目標の前に、想像力（イマジネーション）が必要である。「何をしてよいか決められない」者は、「目標に向かって進めない者」との関係において、図6のごとく、「目標に向かって進んでいる」者で、「何をすべきか判る」70.0%は、「何をしてよいか決められない」39.5%よりも多い。一方、「目標に向かって進めない者」で、「何をしたらよいか決められない」59.9%は、「何をすべきか判る」29.4%より多い。

　青年期のイマジネーションを枯渇させる原因として物質的な豊かさがあげられるのではないかと考えられる、現在の玩具は極めて精巧に、高価にできている。親は子供に対する愛情の深さを、与える玩具の値段によってはかられるような錯覚に陥っているので、高価なものを与えてしまう。精巧な玩具は、子供のイマジネーション入る余地は少なくできている。物のない時代においては、棒切れはいろいろなものに変えることができたと。高価な玩具の多さは、一種の公害のようなものである。外部から与えられる情報量の多さもイマジネーションの宝庫を汚染してゆくのであると考えられる。

7)「今何をしたらよいか決められない」者は、「最も重要なことで、自身で達成成功した経験はない」

　「今何をしたらよいか決められない」者と、「最も重要なことで、自身で達成成功した経験」の関係において」「最も重要なことで、自身で達成成功した経験がある」者は「今何をすべきかわかる」77.1%は、「今何をしてよいか決められない」者52.4%よりも多かった。

　一方、「最も重要なことで、自身で達成成功した経験がない」者は「今何をすべきか決められない」47.6%は、「今、何をしてよいかわかる」者21.7%よりも多かった。（図7）

　達成力とは目標をしっかり立て、それを実現する力のことである。達成力の高い人は困難な目標でもあっても、しっかり計画を立てそれに沿って着実に進め、期日までに終わらせることができる。逆に達成力がない方は途中で投げ出してしまったり、失敗してしまったりする。

図7　「今何をしたらよいか決められない」者は「達成成功した経験はない」

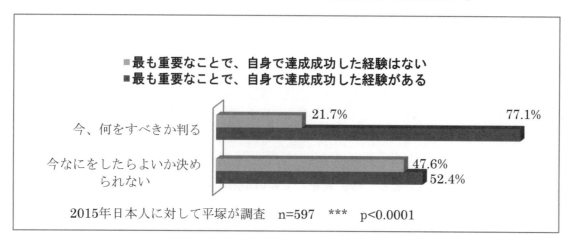

8)「今何をしたらよいか決められない」者は、時々孤独な感じがする

　図8のごとく、「今何をしたらよいか決められない」者で、「時々孤独な感じがする」64.6%、は、「孤独な感じがない」21.1%より多く、一方、「今なにをしたらよいか決められる」者は、「孤独な感じがない」37.7%、「時々孤独な感じがする」37.7%であった。

　孤独とは、他者や社会からある種「切り離されている」状態。

　社会レベルでの「つながりの希薄化」が近年の背景ともされます。そして、長期化すると、精神面での影響が懸念される面がある。大人であるということは孤独に耐えられることで、いろいろな人とともに連帯してゆけることであると、河合隼雄が示唆している[10]。

　そして、孤独の悪影響は、「実際的な悪影響」、「社会的なイメージ」の2つに分かれます。
実際的には「対人交流から色々なものが得られなくなる」ことがデメリットです。

図8　「今何をしたらよいか決められない」者は、時々孤独な感じがする

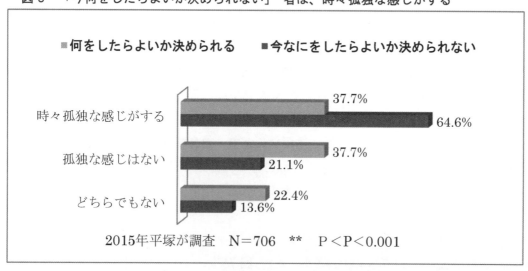

9)「今何をしたらよいか決められない」者と「配偶者や異性との付き合いに満足できない」関係

　図9のごとく、「今何をしたらよいか決められる」者で、「配偶者や異性との付き合いに満足している」46.4%は、「配偶者や異性との付き合いに満足できない」16.8%より多く、一方、「今何をしたらよいか決

められない」者で、「配偶者や異性との付き合いに満足できない」33.3％、「配偶者や異性との付き合いに満足している」30.6％であった。

　大人になることの条件の一つとして、異性の伴侶を見出すということである。性に関する倫理観は現代になってから急激に変化してゆく様相を見せている。

　男性が異性との性関係をもてない心理的原因として、母親からの心理的な分離ができていないことがある。母子一帯の子供が分離．個体化し、異性との性関係をもてることができるようになる。と河合隼雄が表している[11]。

図9　「今何をしたらよいか決められない」者は、「配偶者や異性との付き合いに満足できない」

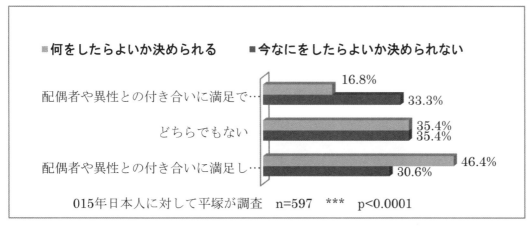

10)「今何をしたらよいか決められない」者と、「キレやすく、すぐにカッとなる、常にイライラする」関係

　図10のごとく、「今何をしたらよいか決められる」者で、「キレない、すぐにカッとならない、常にイライラしない」88.3％は、「キレやすく、すぐにカッとなる、常にイライラする」74.5％より多く、一方、「今何をしたらよいか決められない」者で、「キレやすく、すぐにカッとなる、常にイライラする」24.5％は、「キレやすく、すぐにカッとなる、常にイライラする」10.7％より多かった。引きこもりの若者がイライラしやすいのも、多くの場合、自らの現状に対して慢性的なストレス(無力感)と「こうなったのは親の責任」などといった納得がいかない気持ちを抱えているからです。イライラや怒りっぽさは、明らかなストレスが存在していなくても、さまざまな精神障害に付随する症状としてみられることもある。

図10　「今何をしたらよいか決められない」者は、「キレやすく、すぐにカッとなる、常にイライラする」

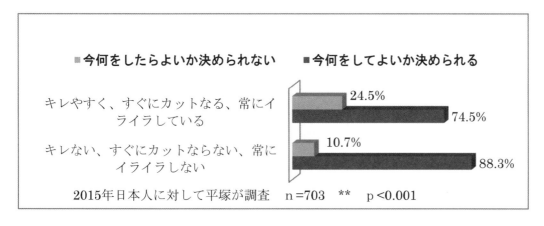

11)「今何をしたらよいか決められない」者は、「些細なことで悩む」

図11のごとく、「今何をしたらよいか決められない」者で、「些細なことで悩む」52.1％は、「些細なことで悩むことはない」21.9％より多く、一方、「今何をしたらよいか決められる」者で、「些細なことで悩むことはない」47.4％は、「些細なことで悩む」23.7％より多かった。

気にしすぎてしまうこと、考えすぎてしまうことは誰にでもあることであるが、その状態が長く続いたり頻繁に起こったりすると、疲れてしまうことがある。そうした原因は、心の病による影響の可能性や性格・気質によるものの可能性もある。

図11 「今何をしたらよいか決められない」者は些細なことで悩む

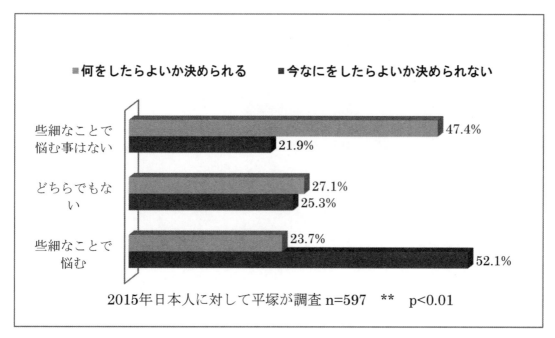

2015年日本人に対して平塚が調査 n=597　**　p<0.01

12)「今何をしたらよいか決められない」者と、「毎日の生活に生甲斐を感じられない」関係

「今何をしたらよいか決められない」者と、「毎日の生活に生甲斐を感じることができない」関係において、「今何をしたらよいか決められない」者の最多は、「どちらでもない」51.7％、次いで「毎日の生活に生きがいを感じられない」25.9％、最少は「毎日の生活にいきがいを感じている」20.4％であった。一方、「何をしたらよいか決められる」者の最多は、「毎日の生活に生きがいを感じている」45.3％で、次いで、「どちらでもない」42.4％、最少は、「毎日の生活に生きがいを感じられない」11.0％であった。（図12）

「生き甲斐」の定説は明確にされてなく、「モチベーション」と「やる気スイッチ」について、「モチベーション」は大脳皮質で考え出したことを大脳基底核に送り、そこで考えにいろいろな評価を加えた上で視床に送って最終決定をし、また大脳皮質に戻して実際の行動を起こすという順序になる。そして脳のほぼ中心部分にある腹側線条体が、やる気を持つ大脳辺縁系や、実際に行動を起こす運動系の間に入って機能していると考えられる。と永田和哉が示唆している。

なお、近年、淡蒼球は、目標に向かって行動を起こすための「やる気スイッチ」とも呼ばれている。このスイッチがオンになると、私たちは目標達成に向けて意欲的に行動を始め、困難に立ち向かうこと

ができる。しかし、逆にスイッチがオフの状態だと、なかなか行動に移せず、目標達成への意欲も薄れてしまうとされる。

図12　「今何をしたらよいか決められない」者は、「毎日の生活に生甲斐を感じられない」

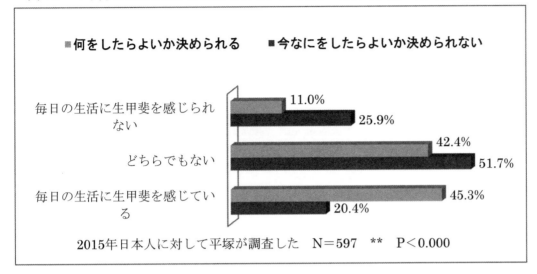

2015年日本人に対して平塚が調査した　N＝597　**　P＜0.000

13) 日本人の孤独を感じる出生年代

　日本人の孤独を感じる年代において、孤独を感じる者の最多は、1980～1989年生まれが56.8%である。次いで1990～1993年生まれ44.0%、1960～1969年生まれ40.9%、1950～1959年生まれ36.7%、1970～1979年生まれ33.7%で、最少は1919年～1949年生まれ27.3%であった（**図13**）。特に、孤独感があると回答した人のなかでも、その状況に至る前に経験した出来事についても調査が行われ、「一人暮らし」、「転校・転職・離職・退職（失業を除く）」、「家族との死別」、「心身の重大なトラブル（病気・怪我等）」、「人間関係による重大なトラブル（いじめ・ハラスメント等を含む）」を選択した人の割合が高かったという調査結果が出ている。

　また、「孤立・孤独」は若い世代で問題となっている。新型コロナウイルスの流行により1度しかない学園生活で、満足に学校行事を経験できなかったり、外出ができず、イベントなども中止…。実は高齢者より20代から30代の若い世代の方が孤独を感じていると答えた人が多くいた。

　問題が深刻化する一方で、孤立・孤独の軽減にあたっては「他者への手助け」が重要なポイントになりそうである。政府が令和4年6月に発表した「孤独・孤立の実態把握に関する全国調査結果報告」では、下記のような結果がでている。孤独感が「しばしばある・常にある」と回答した人の割合は、手助けをしていない（自分にはできない）という人が9.5%で最も高い一方、その割合が最も低いのは、手助けをしている人で3.2%であった。

　同様の結果は「世界幸福度報告（World Happiness Report）」でも明らかになっている。日本は世界全体では50位前後であるが、先進国でみると最低ランクです。この低い幸福度の要因となっているのが、「社会的支援」と「他者への寛容さ」についてでる。日本は「社会的支援」が世界的に50位前後、「他者への寛容さ」については近年130位前後で推移しており、どちらもG7の中では最も順位が低い状況である。

　　※「社会的支援（Social support）」は、「困った時にいつでも頼れる友人や親戚はいるか、いないか」という二者択一の質問への回答を平均したもの。「寛容さ（Generosity）」は、「過去1か月間に慈善団体に寄付をしたか」という

質問への回答の平均を一人当たり GDP で調整したもの。この結果からも、誰かを助けることは、めぐりめぐって自分をも助けることに繋がるようである。

図13 日本人の孤独を感じる出生年代

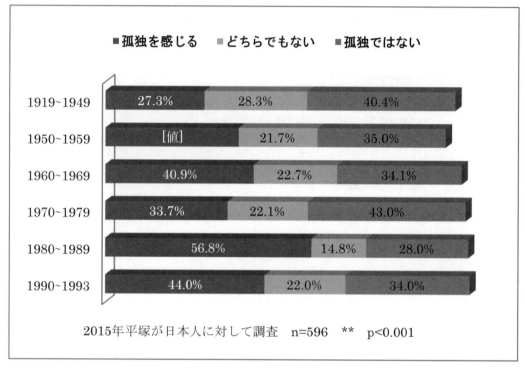

考　察

　大脳辺縁系 limbic　system は、視床下部、収納の相互の連絡した構造連合体および扁桃と海馬体含む、大脳辺縁系は感情と動機づけは「扁桃」で、学習と記憶は「海馬体」、性行動は「視床下部」を連結する機能をもつと John　T. Hansen が表している[12]。小野瀬健斗によれば個人の機能による微妙な違いは、人の性格に大きな影響を与えるとされる。扁桃体の能力がその人の性格をおよそ方向づけてしまうとも考えられ、扁桃体が元気に働いて、前頭葉や視床下部、脳下垂体からの情報を集め、冷静に指令を返しているうちは、人は温和な性格で、的確な判断ができると示唆している[13]。
　大脳の旧皮質(大脳辺縁系)は、快不快や喜怒哀楽など本能的な働きを司るもので早い時期から発達し、行動のアクセルとして働く。それに対して、遅れて発達してくる大脳の新皮質(前頭前野)は思考や判断をつかさどり、行動のブレーキとして働く。大脳辺縁系の本能的な働きが急速に発達する2～3歳頃と、性ホルモンの影響を強く受けて、大脳辺縁系が急速に発達する思春期。これらの時期は、大脳の新皮質（前頭前野）が未発達であるため、ブレーキが効かず暴走してしまう。この新皮質（前頭前野）は4～5歳になってはじめて機能し始め、この部位が成熟するのは20歳を過ぎてからと言われている。この20歳を過ぎても、何をしたらよいかわからないモラトリアム人間（大人になりたくない）が現われると考えられる。

【文献】

1) 渋谷昌三、深層心理、日本文芸社、平成 21 年 7 月
2) 平塚儒子、不登校と引きこもり問題に関する研究（1）（財）緒方医学研究所　平成 16 年 9 月
3) 厚生省　雇用均等・児童家庭局　総務課　虐待防止対策室、平成 16 年 2 月 27 日
4) 竹下研三、人間発達学、中央法規出版株式会社、2009 年 2 月
5) 河合隼雄、大人になることのむずかしさ、子供と教育を考える、岩波書店、1986 年 8 月
6) 田邊忠彦・渡辺真史、1 冊でわかるイラストでわかる図解現代史 1945～2020 年、成美堂出版
7) 1 冊でわかるイラストでわかる図解現代史 1945～2020 年、成美堂出版
8) 竹下研三、人間発達学、中央法規出版、2009 年 2 月
9) 時永光彦、社会心理学、日本文芸社、平成 15 年 8 月
10) 河合隼雄、大人になることのむずかしさ・青年期の問題、岩波書店、1986 年 8 月
11) 河合隼雄、大人になることのむずかしさ、子供と教育を考える、岩波書店、1986 年 8 月
12) John　T.　Hansen　Bruce　M.Koeppen　ネッター解剖学アトラス、南江堂、2014 年 2 月
13) 小野瀬健斗　脳とココロ、かんき出版、2003 年、7 月

【執筆者紹介】

前帝塚山学院大学人間科学部心理学科教授　平塚儒子

宝塚医療大学和歌山保健医療学部看護学科准教授　宇城靖子

ひらつか整形外科医院　院長　平塚雅之

親の虐待が大脳辺縁系の発達に及ぼす影響

定価　1,500＋税
発行日　2024年11月25日　第1刷

発行人　相良智毅
発行所　(有)時潮社
〒175-0081　東京都板橋区新河岸1-18-3
電話　03-6906-8591　FAX 03-6906-8592
http://www.jichosha.jp　E-mail kikaku@jichosha
印刷：相良製版印刷
乱丁・落丁本はお取り替えします。
ISBN978-4-7888-0773-0